AF894529

Köppe, Dr. H., ord. Universitätsprofessor in Marburg

Das Besitzsteuergesetz vom 3. Juli 1913 mit den Ausführungsbestimmungen des Bundesrats, Preußens, Bayerns und Sachsens und den amtlichen Hilfstabellen. 422 S. 1917. Geb. Mk. 4.80

Steuerbuch für bayerische Steuerpflichtige. Ein Geheimbuch für die Selbsteinschätzung zur Einkommensteuer, enth. den Text und Tarif des Einkommensteuergesetzes, des Einführungs- und Doppelbesteuerungsgesetzes nebst Anhang, ein ausführliches Sachregister, Anw. zur Ausfüllung der jährl. Steuererklärung, Erläuterungen der Steuerbehörde hiezu, sowie das amtliche Steuererklärungs- und Hilfsformular für fünf Jahre ausreichend. Zusammengestellt von **Adolf Schmidt**, München. Geb. Mk. 3.—

Steuergesetze für Bayern. Textausgabe mit im Text eingeschalteten Vollzugsvorschriften und alphabetischem Sachregister. 2. Aufl. 1913. 890 S. Geb. Mk. 5.—

Rehm, Dr. Hermann, Professor der Rechte in Straßburg

Die Bilanzen der Aktiengesellschaften, Gesellschaften m. b. H., Kommanditgesellschaften auf Aktien, eingetragenen Genossenschaften, Versicherungsvereine a. G., Hypotheken- und Notenbanken und Handelsgesellschaften überhaupt nach deutschem und österreichischem Handels-, Steuer-, Verwaltungs- und Strafrecht. 2. völlig umgearbeitete Auflage. Lex 8°. XVI, 548 S. Brosch. Mk. 21.—, in Halbfr. geb. Mk. 23.50

Buchert, Karl, Rat d. K. b. Verwaltungsgerichtshofes

Sammlung in der Praxis oft angewandter Verwaltungsgesetze nebst einer Anzahl derartiger Verordnungen usw. für Bayern. In einem Bande unter Berücksichtigung aller bisherigen Aenderungen nach dem nunmehr gültigen Texte mit Beifügung eines Sachregisters zusammengestellt. 3. vermehrte und ergänzte Auflage. gr. 8°. 1903 S. 1911. Geb. Mk. 12.50

Fürnrohr, Dr. A., Rechtsanwalt, Hilfsreferent im K. b. Kriegsministerium.

Ansiedlungsgesetz. Das bayerische Gesetz über die Ansiedlung von Kriegsbeschädigten in der Landwirtschaft vom 15. Juli 1916. Mit den Vollzugsvorschriften und ausführlichen Erläuterungen. (Im Druck.) Geb. etwa Mk. 3.—

Schiedermair, Landgerichtsrat in München

Das Fürsorgeerziehungsgesetz (bayer.) vom 21. Juli 1915 mit ausführlichen Erläuterungen nebst den Ausführungsbestimmungen, den Fürsorgeerziehungsgesetzen von Preußen, Sachsen, Württemberg und Baden. (Im Druck.) Geb. etwa Mk. 5.—

Bayerische Gemeindezeitung, Organ für alle Gemeindeangelegenheiten des rechtsrh. Bayern und der Pfalz. — Verbandsblatt des Landesverbandes Bayerischer Stadt- und Marktgemeinden. — Herausgegeben von Bezirksamtsassessor **Dr. Georg Ziegler** unter ständiger Mitwirkung von Senatspräsident am Landesvers.-Amt K. Meinel, Finanzassessor Dr. Hergt und Regierungsrat Th. von der Pfordten. Jährlich 36 Nrn. in Quartform. Preis jährl. Mk. 8.—. Probenummern kostenlos.

J. Schweitzer Verlag (Arthur Sellier) München, Berlin und Leipzig.

Die Beseitigung der Gemeindeumlagen

Vortrag

gehalten am 29. November 1916
in Ludwigshafen a. Rh. und anderwärts

von

Dr. jur. Ph. Otto Mayer
Reichsmilitärgerichtsrat a. D. in Weidenthal (Pfalz).

1917
München, Berlin und Leipzig
J. Schweitzer Verlag (Arthur Sellier)

Druck: Dr. F. P. Datterer & Cie. (Arthur Sellier), München und Freising.

Geleitwort.

Als vor etwa 100 Jahren den bayerischen Gemeinden zum erstenmal gestattet wurde, für sich einen Zuschlag zu den Staatssteuern zu erheben, dachte niemand, daß diese unscheinbare Pflanze einmal die ganze direkte Staatssteuer überwuchern werde, wie der Epheu dem Baum, der ihm Stütze und Halt ist, Kraft und Entwicklungsmöglichkeit nimmt, daß dieser Zuschlag das Mehrfache der direkten Staatssteuer erreichen, es dachte niemand, daß er einen ganzen Stand mit finanziellem Ruin bedrohen und auch die übrigen erwerbenden Stände in steigendem Maße und in unerträglicher Höhe belasten werde, von deren Gedeihen doch das Wohl des ganzen Staates und nicht zum wenigsten das Wohl des Arbeiterstandes, der den dritten Teil unserer Bevölkerung in sich begreift, abhängt.

Ist doch der Grundbesitz bei ungenügendem Zollschutz gerade durch die hohen Umlagen in den Landgemeinden und die Sozialbeiträge hoch belastet, zumal die baren Mittel in den bäuerlichen Betrieben sehr knapp sind, haben doch Industrie, Gewerbe und Handel das vier- bis fünffache der Staatssteuer zu tragen und kämpft doch zurzeit der Hausbesitz, soweit der Besitzer nicht sehr kapitalkräftig ist, mit dem Untergang, so daß an einem Notgesetz gearbeitet wird, welches die schwere Gefahr der zweiten Hypotheken auf die Gemeinden abwälzen will.

So lassen die direkten Steuern mit ihren Zuschlägen so recht erkennen, daß sie die Steuern im Zustande des Zwangs und der Abhängigkeit sind, und es wächst die Erkenntnis, daß nur aus einem entsprechenden Ausbau der Verbrauchs- und Aufwandsteuern, der Steuern im Zustande der Freiheit, die Rettung aus dieser Überlastung erwachsen kann. Nicht die Höhe der Abgaben ist es, die uns so schwer bedrückt, es ist nur deren ungleichmäßige Verteilung, es ist nicht nur der Zwang zur

Zahlung ohne sichtbare Gegenleistung, es ist besonders die Unmöglichkeit, mit allgemein bestimmten Sätzen der Leistungsfähigkeit des Einzelnen gerecht zu werden. Und je höher die prozentuale Belastung wird, desto schärfer werden diese Mängel empfunden. Schon jetzt kann gesagt werden, daß die direkten Steuern, obwohl sie nur $^1/_{10}$ des Staatsbedarfes decken, infolge der Zuschläge besonders bei dem Hausbesitz eine geradezu konfiskatorische Höhe erreichen. Bleibt das System bestehen, so ist der Höhepunkt noch lange nicht erreicht. Während die direkten Steuern in den Jahren 1905—1910 im Durchschnitt nur um 1,93 Millionen pro Jahr zunahmen, wachsen die Gemeindeumlagen um mehr als das vierfache und allein die Beamtenbesoldungen um mehr als das dreifache dieses Betrages. Diese langsame Entwicklung des Steuersolls wieder ist einerseits verursacht durch die Steuerpolitik des Reichs, andererseits in ihren Folgen verschärft durch die hohe Umlagenlast, welche die Beweglichkeit der Staatssteuer stark einengt, so daß auch dringende Staatsbedürfnisse, z. B. eine Kriegszulage an die Beamten, nicht oder nur ungenügend befriedigt werden können. Dieser geringe Zuwachs der Staatssteuer im Zusammenhalt mit dem, abgesehen von besonderen Bedürfnissen, um mehr als das siebenfache ansteigenden Erhöhung des Bedarfes lassen mit mathematischer Sicherheit erkennen, daß das jetzige System auf die Dauer unhaltbar ist. Man prüfe nur die Steuerstatistik dahin, in welchem Maße seit 1900 einerseits das Steuersoll und andererseits der Staatsbedarf, die Gemeindeumlagen und -schulden gewachsen sind. Eine Finanzpolitik aber, die nicht eine dauernde Besserung bringt, die mit einzelnen Einnahmen und Ersparnissen für kurze Zeit ohne eine grundlegende Änderung des Systems Heilung sucht, mußte wohl als kurzsichtig bezeichnet werden.

Den schlagendsten Beweis erbringt hier Preußen. Dort wurde 1893 die gewaltige Summe von 95 Millionen Ertragssteuern den Gemeinden überwiesen. Da man aber die Umlagen als Notbehelf bestehen ließ, so ist jetzt der Zustand schlimmer als zuvor. Die Ertragssteuern sind vergeben und trotzdem haben die Umlagen fast die Höhe der bayrischen erreicht. Vergebens wurde dort im Abgeordnetenhaus erwogen, wie zu helfen sei, und von autoritativer Seite wird ausgesprochen, daß nicht der Ausbau des jetzigen Systems, sondern nur ein „Neuaufbau dieses gesetzgeberischen Stoffes das Ziel einer dauernden Sanierung der Gemeindefinanzen erreichen kann". Auch ich glaubte, als ich vor einigen Jahren mit dieser Materie mich zu beschäftigen begann, es genüge die Abtretung der Ertragssteuern, und beschränkte ich diese meine Prüfung auf die Frage, welcher Ersatz dem Staate für die abgetretenen Ertragssteuern zur Verfügung stehe. Meine Vorschläge wurden auch in der letzten Session der K. d. Abg. erwogen und teilweise gebilligt. Je eingehender aber meine Prüfung wurde, desto mehr sah ich ein, daß auch bei uns ein Neubau des Systems nötig sei, der um so eher möglich ist, als Bayern über seine Ertragssteuern noch verfügen kann. Und dieses System kann nur die völlige und dauernde Beseitigung der Umlagen, der Kreis-, Distrikts- und Gemeindeumlagen sein. Den Mangel meiner persönlichen Autorität aber mußte ich durch die zwingende Logik der Tatsachen und Zahlen ersetzen. So habe ich denn auf Grund der amtlichen bayerischen Statistik und anderer Quellen und Systeme in dem anliegenden Vortrag einen vollständigen Finanzplan ausgearbeitet und begründet, der die Möglichkeit einer völligen und dauernden Beseitigung aller Gemeindeumlagen und überdies für die Kriegsfolgen, das Gemeindebeamtengesetz u. a. eine Reserve von 68 Millionen nachweist.

Was ich erbitte, ist nur eine wohlwollende, von Vorurteilen freie und neuen Gedanken zugängliche Prüfung.

Möge diese unserem Vaterlande förderlich sein.

Weidenthal (Pfalz), im April 1917.

Dr. Ph. Otto Mayer.

Die Beseitigung der Gemeindeumlagen.

Noch immer, wie seit 33 Monden, tobt der Weltkrieg in drei Weltteilen zu Wasser und zu Land und Gewaltiges wie die alten Recken hat das deutsche Volk im Felde und zu Hause, im Kämpfen und im Dulden, Gewaltiges haben Reich und Einzelstaat, Landwirtschaft und Industrie zum Schutz und zur Erhaltung unseres Volkes geleistet.

Aber auch teuer erkaufte Erfahrungen haben wir machen müssen, schwere Mängel ließ dieser Krieg an das Licht treten, so in der Diplomatie, die unsere Feinde nicht zu erkennen wußte, im Kriegsstaatsrecht, in der Kriegswirtschaft und ganz besonders in der Steuerfrage im Reiche sowohl, wie in Einzelstaat und Kommune.

Gerade in der Zeit nach dem Kriege werden die schweren Folgen sich zeigen, die ein verkehrter Doktrinarismus, ein schädlicher Optimismus verursacht hat und besonders schwer werden die Kommunen und unter diesen die Lokalgemeinden dies zu verspüren haben.

Wenn unser Nationalwohlstand nicht schweren dauernden Schaden leiden soll — es sollen schon jetzt 3000 sehr wohlhabende Deutsche das schweizerische Bürgerrecht erworben haben —, wenn man nicht gerade diese bemittelten Kreise, auf die man doch bei der Entwicklung von Handel und Industrie, bei Tragung aller möglichen Steuern, bei der Sozialfürsorge und der freien Wohltätigkeit in so hohem Grade rechnet, durch die fortgesetzten Deklarationen und das ständige Eindringen in die Familien- und Geschäftsverhältnisse verärgern und vertreiben will, so müssen schon jetzt die Vorbereitungen für die Wirtschaft nach dem Krieg getroffen und ein Weg zur Heilung der schweren Schäden gesucht werden, welche die bisherige Finanzwirtschaft verschuldet und der Krieg uns gezeigt hat. Das erste Erfordernis aber ist, die Ursachen unserer mangelhaften steuerlichen Rüstung festzustellen. Sie liegen sowohl im Reich, als auch in den Einzelstaaten, in Preußen ebensowohl als in Bayern, und nicht zum wenigsten in der Finanzwirtschaft der Kommunen. Der Grundfehler aber ist die Kollision zwischen der Besteuerung durch diese drei Faktoren. Sie handelten gerade so, als ob jeder seine besonderen Steuerträger hätte, während doch immer dieselbe Person es ist, die alle diese Steuern aufzubringen hat.

Das Reich treibt schon seit Jahrzehnten eine Defizitwirtschaft, bewilligt Ausgaben ohne Deckung, zuletzt sogar im Kriege durch die Herabsetzung der Altersgrenze bei der Altersversicherung, und nahm trotz steigenden Wohlstands ordentliche Ausgaben auf Anleihen, womit es die vermeintliche Schuldentilgung wieder aufhob.

Ein besonders schwerer Fehler aber ist der Eingriff in das Steuergebiet der Einzelstaaten durch die Erbschaftssteuer, durch den sog. Wehrbeitrag und die darauf sich gründende Besitzsteuer und die infolge ihrer Höhe volks- und finanzwirtschaftlich verfehlte Kriegsgewinnsteuer. Eine besonders schädliche und verfehlte Auflage war u. a. die Fahrkartensteuer, welche die Einzelstaaten als Besitzer der Eisenbahnen in weit höherem Maße schädigt, als sie dem Reich an Steuern einbringt. Die Besitz- und die Erbschaftssteuer nimmt den Einzelstaaten jede Möglichkeit, ihre direkten Steuern zu entwickeln. Der Wehrbeitrag und die „Kriegsgewinnsteuer“ aber und besonders die letztere vermindern das erwerbende Kapital und schädigen den Steuerfonds der Einzelstaaten.

Schon der Wehrbeitrag war eine Folge der fehlerhaften Finanzwirtschaft. Mitten im Frieden und im Angesicht des kommenden Weltkrieges scheut man sich, infolge verkehrter und rein doktrinärer Grundsätze die Aufwandssteuern zu entwickeln und nimmt einem Bruchteil der Bevölkerung mit einer reellen Vermögenssteuer eine Milliarde ab. Eine solche Maßregel war nur bei außerordentlichem Bedarf und außerordentlichem Notstand gerechtfertigt. Beide Voraussetzungen fehlten. Im Angesichte des Weltkrieges waren wir mit den Kosten für Heer und Marine weit hinter England und Frankreich zurückgeblieben, obwohl letzteres damals die dreijährige Dienstzeit auf sich genommen hatte. Wir verwendeten 1911 für Heer und Flotte bei 65 Mill. Einw. 1433 Mill. Das menschenarme Frankreich mit 39,6 Mill. Einw. 1221 Mill., England mit 45 Mill. sogar 1443 Mill. Dabei war Rußland mit 160 Mill. Einw. und 37 Armeekorps unser sicherer Gegner und Italien, das ebensoviel als Österreich aufwendete, ein mehr als zweifelhafter Freund.

Und jetzt im Kriege beschließt man unter völlig verfehlter Berufung auf England eine konfiskatorische Vermögenszuwachssteuer, welche man wieder mit dem Wort Kriegsgewinnsteuer populär machte. Diese Steuer rechtfertigt man mit moralischen Gründen, mit dem Standpunkte der Gerechtigkeit, daß eine Minderzahl sich nicht bereichern soll, während die Allgemeinheit Not leidet und Opfer an Gut und Blut bringen muß. Der Reichstag aber ging weit über die Forderung der Regierung hinaus und die Allgemeinheit begrüßte dies, da jeder sich über die Steuern freut, die andere zahlen.

Der moralische Standpunkt ist an sich gewiß gerechtfertigt. Die Frage ist nur die, ob man bei Steuern von den Grundsätzen der Moral oder ob man davon ausgehen soll, daß die Steuer viel einbringen, nach Leistungsfähigkeit verteilt werden und den Steuerfonds selbst nicht schädigen soll. Der letztere Gesichtspunkt aber ist ausschlaggebend. Eine Steuer mag noch so moralisch sein, wenn sie dem Steuerzweck fremde Absichten fördern will, wenn sie den Steuerfonds selbst angreift, also die künftige Ergiebigkeit vorweg nimmt, wenn sie die Einkommens- und Vermögensverhältnisse gewaltsam verschieben will, wenn sie das bewegliche Kapital verringert und vertreibt, so ist sie trotz aller Moral schädlich. So ist auch die Kriegsgewinnsteuer eine moralisch zu billigende, aber als Steuer wegen ihrer konfiskatorischen Höhe verwerfliche Steuer. Sie ist zudem gar keine Kriegsgewinnsteuer, da sie erst nach dem Kriege und nicht nur von Kriegsgewinnen, sondern von jedem Vermögenszuwachs, ja sogar bis zu einer Minderung des Vermögens von 10% erhoben wird und da sie dauernde Ausgaben mit einmaligen Einnahmen decken will.

Wohl erhebt England 60%, aber von wirklichem Kriegsgewinn, welchen die Reeder, Bergwerksbesitzer, Industrie und Handel und zwar größtenteils zu Lasten der Neutralen und Alliierten mit Hilfe des Staates gemacht haben. Es war also ein gemeinschaftliches Geschäft. Wo ist aber bei uns die Gemeinschaftlichkeit? Durch die Beschlagnahme, die Blockade u. a. sind ungeheure Vermögen verloren worden. Man frage nur in Hamburg, Bremen und anderswo.

Nur zwei Beispiele: ein englisches und ein deutsches. Nach der „Bataille" haben 21 große Reedereien Englands vor dem Krieg pro Jahr 3,1 Mill. £, in den beiden Jahren 1914/15 und 1915/16 aber 26,1 Mill. £ verdient. Davon behielten die Reeder 40% = 10,44, per Jahr also 5,22, der Staat 60% = 15,6 Mill. £. Sie hatten also trotz der Kriegssteuer einen um 40% erhöhten Gewinn.

Krupp mit 250 Mill. Kapital, der Mitretter Deutschlands, hatte 1916 einen Bruttogewinn von 113 Mill. Nach 9,4 Mill. Abschreibungen und 150 000 Mk. Tantiemen mußte er 28,6 Mill. für Steuer und 34 Mill. für Sozialfürsorge leisten. So blieb ihm nur 6% Dividende mit 15 Mill. Wegen der von ihm abhängigen Gesellschaften sollten es 12%, wie im Frieden, bleiben. Er mußte für die weiteren 6% ein Darlehen auf 10 Jahre unkündbar aufnehmen.

Wenn unser größtes Unternehmen so schwer getroffen ist, wie mag es da anderen gehen, die schon im Frieden mit knappen Bilanzen arbeiteten. Und dabei ist jetzt diese Steuer noch um 20% auf einen Höchstsatz von 60% erhöht worden, was einschl. der Zuschläge 76% ergeben wird.

Wie schon Dr. Strutz vorausgesagt, wanderten große Kapitalien ins Ausland, und was das Reich nimmt, ist für den Einzelstaat und die Kommunen verloren. Wenn es auch nicht arbeiten würde — und unsere Unternehmen sind doch groß in der Arbeit —, so zahlt es doch mindestens keine Steuern mehr.

Diese Steuerträger aber sind gerade die Leute, die in Bayern 20—25% Steuern und Umlagen und außerdem die Kosten der Sozialfürsorge zahlen.

Nehmen wir nur die Steuern und Umlagen und setzen den Wehrbeitrag mit einer, die Auswanderung mit zwei und die

Kriegsgewinnsteuer mit drei Milliarden an, so trifft auf Bayern $1/_{10}$. Diese 600 bayerischen Mill. hätten pro Jahr 6—10 Mill. Steuern und Umlagen gezahlt. Dazu aber kommt die Sozialfürsorge, die freiwillige Wohltätigkeit und die Hemmung der sozialen Entwicklung.

Die Finanzfrage ist für die Einzelstaaten eine Existenzfrage. Aus dem Zollverein ist das Deutsche Reich entstanden und durch den Freihandel wurde damals Österreich daraus ferngehalten. Mit konfiskatorischen Vermögenssteuern aber werden die Einzelstaaten gefährdet und käme einmal die schon oft drohende Reichseinkommensteuer, käme die weitere Ausbildung der Besitzsteuer, wie sie wieder im Reichstag erwogen werden soll, oder gar die von Professor Hombert vorgeschlagene und von der Frankf. Ztg. empfohlene Einkommensteuer auf die unterlassene Ersparung, so wären sie zu einem Schattendasein verurteilt. Gerade in dieser Richtung erweckt die Erhöhung der Kriegsgewinnsteuer um 20% Bedenken. Da man doch unmöglich mit einer einmaligen Einnahme eine dauernde Ausgabe decken kann, so erweckt diese Abgabe den Eindruck, als ob man sie zu einer dauernden Reichssteuer ausgestalten wollte. Auch spricht man von einer großen Vermögenssteuer nach dem Kriege. Das Reich hat ferner über den Kopf der Einzelstaaten hinweg aus verfehlten „doktrinären Erwägungen" (Adolf Wagner) durch den § 13 des Zolltarifgesetzes von 1902 den Kommunen durchaus erträgliche und entwicklungsfähige Verbrauchssteuern verschlossen, während Frankreich durch Verkehrssteuern und eine „großartig entwickelte" (v. Heckel) Aufwandsbesteuerung seit 1804 sein ganzes Staatswesen und die Kommunen erhält und Englands Einkommensteuer nur die Rolle einer Ergänzungssteuer gegenüber den Aufwandssteuern spielt. Beide Staaten haben keinerlei Zuschläge zu den Staatssteuern, die uns so überaus schwer belasten. Daher konnte England seine bewegliche und jedes Jahr seit 1842 zwischen 2 und 6,25% sich ändernde Einkommensteuer im Krieg auf das Dreifache erhöhen und dadurch 96 Mill. £ = 2 Milliarden pro Jahr erheben und ist doch mit 17½% geringer belastet, als wir im Frieden. Dort wird das erwerbende und erworbene Kapital geschont und die

Zuschlagssteuer von 2½% — im Krieg 7½% — trifft nur die Einzeleinkommen über 5000 £, also nicht die Aktiengesellschaften usw. Unsere Friedensbelastung mit 18%, 25% und beim Hausbesitz sogar 50% und mehr des Reineinkommens hat bewirkt, daß wir in Notständen und besonders im jetzigen Krieg mit den Steuern dem Bedarf nicht folgen können und konfiskatorische Vermögenssteuern erheben müssen.

Wie das Reich im Verhältnis zum Einzelstaat, so haben Preußen sowohl als Bayern im Verhältnis zu den Kommunen eine überaus schädliche Kollision der beiderseitigen Besteuerung nicht zu vermeiden gewußt und ihre Staatsaufsicht in finanzieller Richtung hauptsächlich zur Erzwingung auch luxuriöser Ausgaben und neuerdings zu der schweren Belastung mit der Garantie für die zweiten Hypotheken, nicht aber zur Herbeiführung einer sparsamen Wirtschaft benützt. Als Beispiel für einen das eigene Heim verleidenden Luxus führe ich die von der Landesversicherungsanstalt Pfalz errichtete Lungenheilstätte bei Ramberg an. Das Grundstück steht mit 819 427,04, die innere Einrichtung mit 81 198,45 zu Buch. Da diese Anstalt 74 Betten enthält, stellt sie sich pro Bett auf 12 170,61, während man ein modernes Krankenhaus mit 4000 Mk. pro Bett herstellen kann. Die Anstalt ist also um 600 000 Mk. zu teuer.

Das Schlagwort von der freien Selbstverwaltung, die bezüglich des staatlichen Steuerfonds keinen Raum hat, hat hier viel Unheil angerichtet.

Diese freie Verfügung der Kommunen über den staatlichen Steuerfond ist genau so fehlerhaft, wie wenn ein Familienvater seine Kinder mit selbständiger Wirtschaft ausgestattet und ihnen dann erlaubt hätte, unbeschränkt über sein Bankguthaben und seine Geschäftskasse zu verfügen.

Nach wissenschaftlichen Grundsätzen hat der Staat Norm und Maß der Gemeindesteuern zu bestimmen und seine Aufsicht soll in dreifacher Richtung wirken:

a) als Kontrolle, dahin, daß sie die staatlichen Finanzen nicht stören und beeinträchtigen,

b) als Einspruchsrecht gegen Maßnahmen, welche den Wohlstand der Gemeinde und die Leistungsfähigkeit der Gemeindeangehörigen beeinträchtigen können,

c) als Feststellung des kommunalen Finanzbedarfs und der Deckungsmittel.

Bezüglich der bestehenden Überlastung berufen sich die Gemeinden auf die Belastung mit Pflichtaufgaben für den Staat. Diese Belastung sollte künftig noch erweitert, aber auch durch den Staat entsprechend vergütet werden. Doch trägt diese Belastung nur den kleinsten Teil der Schuld. Nach den auch für Bayern zutreffenden Bemerkungen des Freiherrn von Zedlitz rührt vielmehr die Belastung der Gemeinden in der Hauptsache von den freiwillig übernommenen Aufgaben her. Unter schaffensfreudiger Leitung sind zunächst vielfach leistungsstarke Gemeinden zur Übernahme neuer und zur reicheren Durchführung der älteren Aufgaben kultureller und sozialer Natur übergegangen, dem Zug der Zeit folgend, oft in luxuriöser Art. Sogar mit unsozialer Wirkung, wie z. B. durch die überreich ausgestatteten Krankenhäuser und Heilstätten, die den aus ihnen Entlassenen nur zu oft das eigene Heim verleidet haben. Minder leistungsstarke Gemeinden haben nicht zurückbleiben zu dürfen geglaubt; so ist das Niveau der freiwilligen Leistungen, wie das der privaten Lebensführung allmählich immer höher geschraubt worden. Er ist der Ansicht, daß nur durch einen Neuaufbau des Systems eine Besserung zu erreichen ist und vor allem müsse die ungleiche Belastung beseitigt werden.

Als Grundlage eines solchen Systems für Bayern betrachte ich die Beseitigung aller kommunalen Zuschläge, die Ausstattung der Kommunen mit eigenen Einnahmen und eine gleichmäßige Grundlage der Belastung in Stadt und Land.

Bezüglich der kommunalen Belastung — ich folge hier dem Urteil von Adolf Wagner — sind England und Frankreich in besserer Lage als wir, in der Staatsaufsicht auch Belgien. Frankreich kennt keine Zuschläge der Kommunen auf Staatssteuern. Ihre Aufwandsteuern, die Steuern im „Zustand der Freiheit“, decken den ganzen Bedarf.

Als Muster kann auch hier für uns England gelten, dessen Ordnung auch A. Wagner als „nachahmenswertes Beispiel“ empfiehlt.

Auch in England ist, wie in Frankreich, jeder Gemeindezuschlag ausgeschlossen.

Da ich nicht die Einzelheiten, wohl aber die Grundsätze als „vorbildlich" auch für uns ansehe, muß ich sie hier anführen.

1. Durch Staatsgesetz sind die notwendigen und die zulässigen Aufgaben der Gemeinden bestimmt. Für andere Aufgaben dürfen Lokalsteuern nicht erhoben werden.

2. Neben rein lokalen haben sie auch in größerem Maße, als bei uns, staatliche Aufgaben zu erfüllen.

3. Lokalsteuern sind nur subsidiär nach den übrigen Einnahmen und nur für bestimmte notwendige oder zulässige Zwecke gestattet.

4. Jeder Steuerträger hat ein Beschwerderecht gegen zu unrecht erfolgte Erhebung und Verwendung der Gemeindesteuern.

5. Gewisse Steuergattungen nebst den zugehörigen Einzelsteuern sind in scharfer Scheidung einerseits der Staats- und andererseits der Lokalbesteuerung vorbehalten. Es gibt also weder Zuschläge zu den Staatssteuern, noch ist irgendeine Steuer gleicher Art zugleich dem Staat und den Gemeinden zugewiesen.

Bezüglich der Einzelheiten verweise ich auf Adolf Wagner, Britische Besteuerung 2. Aufl. 1912.

Nur eine für mich heute neben den Verbrauchssteuern aller Art, den Brücken- und Wegegeldern u. a., interessante Steuer hebe ich hervor: es ist die vom nutzenden Inhaber erhobene Wohnungssteuer.

Als Vorteile dieses Systems hebt Wagner hervor:

1. Steuertechnische Einfachheit und Beweglichkeit.
2. Vermeidung jeder Kollision, wie sie unser Umlagesystem und die Benutzung gleichartiger Steuern durch Reich, Staat und Gemeinde zur Folge hat, „ein Vorteil für beide", wie A. Wagner sagt.
3. Erleichterung der richtigen Lösung der steuertechnischen Aufgaben infolge Unabhängigkeit der Lokal- von der Staatsbesteuerung, ein Vorzug vor dem kontinentalen System der Zuschläge, welches den lokalen Verhältnissen unmöglich so

Rechnung tragen kann, Zuschläge daher auch nicht so, wie selbständige Lokalsteuern.

4. „Gewichtige Gründe", sagt Wagner weiter, „sprechen auch für lokale Verbrauchssteuern und Akzisen, zumal in städtischen und großstädtischen Gemeinden."

Preußen hat wohl einen Anlauf in dieser Richtung genommen und im Jahre 1893 den Gemeinden 95 Mill. Ertragssteuern abgetreten, hat aber den Fehler gemacht, die Umlagen „als Notbehelf" zuzulassen und die Ertragssteuern wieder als staatliche Ergänzungssteuer zu benützen und hat überdies die Staatsaufsicht nicht wirksam ausgestaltet. Es hat damit der Überlastung und Kollision das Tor geöffnet und das Übel ist jetzt größer als zuvor. Das preuß. Abgeordnetenhaus hat, trotz eingehender Prüfung der Frage, ein Mittel zur Besserung noch nicht gefunden. Dies Vorbild also ist für uns nicht brauchbar. In spätestens fünf Jahren hätte der erhöhte Bedarf die abgetretenen Ertragssteuern aufgesogen, die Umlagen hätten wieder die gleiche Höhe und die Kollision wäre schlimmer als jetzt. Bevor ich zu meinen Vorschlägen übergehe, muß ich einige bezeichnende Zahlen anführen. Wer sich über dieses statistische Material genauer unterrichten will, findet es in meiner Broschüre über „Umlagen und Steuerreform in Bayern", deren Reinertrag übrigens dem Roten Kreuz zugute kommt.

Das Budget 1910/11 schloß mit einem Staatsbedarf von 626 Mill. (1916/17 750 Mill.), Verwaltung und Betrieb erforderten 300, der Staatsaufwand 326 Mill. Von letzterem erforderten Besoldungen und Pensionen 200 Mill., 1916/17 244 Mill. Nicht gerechnet sind die Reise- u. a. Nebenkosten, die Gehalte der Geistlichkeit und zahlreiche im Betrieb, z. B. im Forstwesen, steckende Millionen. Die direkten Steuern mit 49,77 Mill. + 22% Zuschlag = 60,71, deckten noch nicht $^1/_{10}$ des Staatsbedarfs. Die gesamten Umlagen erforderten 106,7 Mill., also über das Doppelte der Steuern. Infolge der Reform stiegen 1917 die direkten Steuern statt der erwarteten 57 auf 76 Mill., die gesamten Umlagen auf 125,3 Mill. Damit waren seit 1907 die Umlagen um jährlich 8,4 Mill. gestiegen, die Gemeindeumlagen allein von 57,8 auf 89, also jährlich um über 6 Mill.

Die Gemeindeschulden stiegen von 1886 (146,5) bis 1896 (272,5) um jährlich 12,6 Mill., von 1896 bis 1901 auf 469,7, also um jährlich 49,7 Mill., und erreichten Ende 1912 929,4 Mill. und im Jahre 1911 allein 60 Mill. Ebenso sollen die Beamtenbesoldungen jährlich um 6—7 Mill. wachsen, während das Staatssteuersoll nur um etwa 2 Mill. zunimmt. Bei einer durchschnittlichen Mehrung von 60 Mill. steigen Tilgung und Amortisation um jährlich 3½ Mill. Wo bleibt da die Staatsaufsicht? Das Staatssteuersoll steigt jährlich um weniger als 2 Mill., die Belastung durch Staat und Kommunen aber um etwa 15 Mill. Bei einer derartigen Progression ist die Lage bei Beibehaltung unseres Systems hoffnungslos, zumal angesichts der Eingriffe in das Kapital. Diese Lage wird noch verschärft durch das Umlagengesetz, indem von der Einkommensteuer mit 53 Mill. nur der halbe, von der Kapitalsteuer der 1½ fache, von den übrigen Ertragssteuern der 2½ fache Betrag, also fünfmal so viel berechnet wird. Es zahlen also bei 100% Umlagen die 53,5 Mill. Einkommensteuer 26,75 Mill., die 22½ Mill. Ertragssteuern würden also bei gleichem Satz 11,25 Mill. zahlen. Sie zahlen aber 49,7 Mill., also 4½ mal so viel. Da wir nun durchschnittlich 200—300% Kreis-, Distrikts- und Gemeindeumlagen zahlen, so steigt die Belastung der Kapitalrentensteuer im Frieden auf 15—18%, bei Gewerbe, Industrie und Handel auf 25%, beim Hausbesitz unter Annahme der Belastung mit einer ersten Hypothek von 60% des Wertes auf 50% des Reineinkommens. Bei einer zweiten Hypothek von 15—20% wird das Reineinkommen von der Steuer völlig aufgesogen und stehen nur 5% der Wohnungen leer, so muß der Hausbesitzer diesen Betrag zulegen.

Bei dieser unerträglichen Lage und dem völligen Versagen des preuß. Vorbilds ist nur von einer gründlichen Änderung des Systems Besserung zu erwarten, bei der auch ein Teil der Lasten durch Aufwandssteuern gedeckt wird. Diese sind auch, soweit sie noch zulässig sind, sehr ungenügend ausgebildet. Nur der arme Hund, unser treuer Freund und Wächter, wird steuerlich bis zur Vernichtung verfolgt. Schon die Dankbarkeit sollte dem Einhalt tun. Haben doch im Kriege die 2500 Sanitätshunde u. a. schon über 100000 Verwundete, also eine ganze Armee, gerettet.

Für das Reich schlage ich eine Rückkehr zu den Bismarckschen Grundsätzen vor, also Verzicht auf alle direkten Steuern, vielleicht mit Ausschluß der Erbschaftssteuer, und Verzicht auf die Hälfte der Kriegsgewinnsteuer. In Aufwandssteuern ist reicher Ersatz vorhanden. Tabak und Alkohol tragen in Deutschland 10,70, in England 27 Mk. pro Kopf, und zwar in Summen in Deutschland bei 65 Mill. Einw. 413 Mill. Mk., in England bei 45 Mill. Einw. 60 Mill. £, also 12—1500 Mill. Mk. Eine Erhöhung auf den englischen Satz würde 1,1 Milliarde ergeben. Frankreich zahlte trotz seines geringen Bierverbrauchs 21,1 Mk. pro Kopf.

3 Pfg. auf das Gläschen Branntwein	würden tragen	450 Mill. Mk.
5 „ „ 0,5 Liter Bier	„ „	500 „ „
10—18 Pfg. auf die Flasche Wein	„ „	50 „ „
	Dies ergibt zusammen	1000 Mill. Mk

An Getränken verbrauchten wir 1911 4026 und an Tabak 1086 Mill., also im ganzen 5112 Mill. Aber nicht nur die Paradepferde Schaumwein und Zigaretten, auch der sonstige Konsum muß gleichmäßig besteuert werden. Die Ausdehnung und Erhöhung der landwirtschaftlichen Zölle, worüber kein Streit mehr ist, würden gewaltige Summen ergeben. Sogar Heinr. Grunow im Vorwärts ist für nationale Wirtschaft, demnach Gewährleistung ausreichender Versorgung in Kriegs- und Notfällen, was auch die Ersparung der Milliarden ermöglichen würde, welche die künftige Haltung der Kriegsvorräte erfordert. Erhalten wir im Osten auch nur die erforderlichen 80000 qkm Fläche, also ein Gebiet wie Bayern, so haben wir auch die nötige Anbau- und Weidefläche, um unsere Häute, Wolle, Flachs, Jute, Ölfrüchte und die nötige Kleie zu erzeugen, und damit 1040 Mill. Einfuhr zu ersparen.

Auch Ausfuhrzölle zum Schutz einzelner unserer kostbaren Rohstoffe und der Halbfabrikate dürften sich empfehlen und mit der Meistbegünstigung dürften wir nicht mehr so verschwenderisch umgehen. Orden der Vertragsgegner sollten verboten sein. Die Einzelstaaten aber würden durch den Abbau der direkten Reichssteuer und den Verzicht auf die zweite Hälfte Kriegsgewinnsteuer wieder finanziell gesund werden.

Es werden wohl auch Monopole in Frage kommen. Leider ist ein Vollmonopol bezüglich des Tabaks nicht mehr möglich, wenn auch der Raucher sich diesem Bedauern nicht anschließen wird. Dagegen würde das Reich die völlige Kontrolle über den Rohstoff usw. durch ein Rohtabakmonopol in die Hand bekommen. Dies in Verbindung mit hohen Eingangszöllen mit entsprechenden Zuschlägen und mit einer Fabrikatsteuer in der Form der bereits 1893 vorgeschlagenen Fakturensteuer wäre wohl geeignet, die ohne Vollmonopol höchstmöglichen Erträge zu erzielen. Auch möchte ich noch vorschlagen, für das Reich einen Zuschlag zu den Kosten der Sozialversicherung zu erheben. Es wäre dies eine Steuer auf die sozialversicherte Arbeit. Da die Kosten der Sozialversicherung seit der neuen Reichsversicherungsordnung über 1400 Mill. Mk. betragen, so würde ein von den Versicherungsämtern zu erhebender Zuschlag von 50% dem Reich über 700 Mill. Mk. einbringen. Diese Steuer, die der Unternehmer ebenso wie die Beiträge selbst auf Waren und Leistungen abwälzen würde, würde insoweit als indirekte Aufwandsteuer wirken. Soweit Dienstboten u. dgl. in Frage kommen, wäre es eine Luxussteuer. Dagegen halte ich ein Getreidemonopol für einen höchst unglücklichen Gedanken. Schon die Erfahrungen des Kriegs sollte uns davor schützen. Ein 70 Millionenvolk kann man unmöglich auf die Dauer vom grünen Tisch aus ernähren, und zudem wären die von der Regierung zu bestimmenden Getreidepreise ein ständiger und auf die Dauer gefährlicher Zankapfel zwischen Produzenten und Konsumenten.

Diese Ausbildung der Verbrauchs- und Aufwandsteuern unter möglichster Einschränkung der direkten Steuern wäre die glänzend bewährte Nachahmung des englischen Musters von 1815, das damals trotz 603 Mill. £ (im Jahre 1817 über 800 Mill. £) Staatsschuld, ungeheurer Steuerlast und entwerteter Valuta seine Einkommensteuer aufhob und auf Jahrzehnte hinaus auf die Tilgung der Schulden verzichtete, die 1914 noch immer 660 Mill. £ betrugen. Die Zinsen bleiben im Lande und fördern die Volkswirtschaft. Wenn Frankreich seinen gesamten Staatsaufwand mit Aufwand- und Verkehrssteuern ohne Einkommensteuer und mit einer nur partiellen Kapitalrentensteuer und der Erbschaftssteuer deckt, so wird das Reich dies auch erreichen können, zumal die Einzelstaaten den kulturellen Bedarf zu decken haben. Die beste Deckung der Schulden ist die Steigerung des Wohlstands der Steuerträger.

Bayern hat im Jahre 1912 eine allen modernen Grundsätzen entsprechende, der englischen ähnliche Einkommensteuer eingeführt, die insbesonders durch die Zusammenfassung der verschiedenen Einkommensquellen die Erfassung der wirtschaftlichen Leistungsfähigkeit erreicht. Es hat in seinen Ertragssteuern eine zwar nicht ganz moderne, aber infolge der mäßigen Sätze durchaus erträgliche Vermögenssteuer, ähnlich wie Baden.

Was in Bayern die Steuerlast unerträglich macht und dadurch auch die Auswanderung kapitalkräftiger Industrien und Einzelpersonen verursacht und jedenfalls die Zuwanderung hindert, ist die allmählich ins Ungemessene steigende Umlagenlast.

Diese muß daher beseitigt werden. Ich gehe bei meinem Vorschlag davon aus, daß der Staat die Kapitalrentensteuer als Ersatz für die anscheinend geplante Ergänzungssteuer behält, die übrigen Ertragssteuern aber den Gemeinden überweist, die in deren Hand entwicklungsfähig, in der Hand des Staates aber starr und stabil sind.

Grundsätzlich gehe ich auch bezüglich der Steuern von der Theorie Robert Liefmanns aus. Wie Kant vor 130 Jahren die ewige Wahrheit ausgesprochen hat, daß Raum und Zeit nicht den Dingen der Außenwelt anhaften, sondern lediglich Anschauungsformen des menschlichen Intellekts sind, also nur im Gehirn des Menschen existieren, so hat Robert Liefmann für die Volkswirtschaft die neue große Wahrheit entdeckt, daß die Eigenschaft als Kapital nicht den äußeren Dingen, den Produktionsmitteln und Produkten, dem Haus und Acker anhaftet, sondern allein im Kopf der wirtschaftlichen Einzelperson existiert. Auch das Geldkapital ist nicht an sich Kapital, sondern wird es nur, wenn es Kostengut in einer Geldrechnung, Mittel zur Erzielung eines Geldbetrags ist. Es existiert als Kapital nur insoweit, als das wirtschaftliche Subjekt es zur rechnungsmäßigen Grundlage dauernder Gelderträge macht. Die größte, besteingerichtete Fabrik, das schönste beste Grundstück, das bestgelegene Haus verursacht Verlust, wenn der Besitzer unrichtig disponiert hat. Sie sind nur sachliches Substrat des Kapitals bei der Geldrechnung der Kosten. Der Arbeiter stellt das Produkt her, ist also nur an der Technik beteiligt. Sobald jedoch das Produkt verwertet wird, sobald also die Wirtschaft beginnt, entscheidet allein das disponierende Gehirn, ob ein Ertrag erzielt wird, ob also das Produktionsmittel einen Wert hat oder nicht. Es ist also grundsätzlich falsch, die in Handel, Gewerbe, Industrie und Grundbesitz tätigen Individuen stärker zu belasten, insbesondere mit 2½ fachen Umlagen. Das Gehalt des Beamten ist weit sicherer fundiert, weil weniger von allen möglichen Zufällen abhängig, als das Einkommen aus Handel, Gewerbe und Industrie. Auch darauf müssen wir bei der Besteuerung achten, ob diese tätigen Steuerträger ihre Rechnung finden. Stellen sie ihre Betriebe ein, verkaufen sie ihre Werke, so können die Arbeiter die Produktionsmittel billig haben; sie liegen wie bei jedem Krach auf der Straße; wer sie aber aufnimmt, wird finden, daß ihm dies „Kapital" wie eine Seifenblase in der Hand zerrinnt. Man betrachte nur den sogen. Fürstenkonzern, dem ungezählte Millionen in der Hand zerronnen sind; vgl. Zeitschr. f. d. ges. Staatswissenschaft 72. Jahrg. (1916/17) S. 328.

Im einzelnen bezüglich der Umlagen der Kreis-, Distrikts- und Lokalgemeinden gehe ich von folgenden Grundsätzen aus:

1. Ausstattung der Kommunen mit eigenen Einnahmen.
2. Gesetzliche Festlegung der notwendigen und zulässigen Verwendungszwecke und Verbot weiterer Leistungen.
3. Vermeidung jeder Kollision zwischen Staats- und Gemeindesteuern.
4. Beseitigung aller kommunalen, also auch der Kreis- und Distriktsumlagen.
5. Soweit dies nicht sofort durchführbar, Zulassung von 50%, die aber in 10 Jahresteilen abzubauen sind.
6. Deckung etwaiger Fehlbeträge durch Kreis oder Staat.
7. Staatsaufsicht im Sinne der S. 11/12 angeführten Grundsätze.

Kreise.

Die Umlagen betrugen 1900: 11,69; 1907: 17,37; 1913: 24,36 Mill. Als Ersatz schlage ich vor:

I. Besteuerung aller Genossenschaften, der Produktiv-, Konsum-, Ein- und Verkaufsgenossenschaften, auch der Offizier- und Beamtenvereine unter Aufhebung der Art. 4, 9 Eink.-StG. und Art. 3, 3 GewStG. Als Muster für diese Besteuerung empfehle ich das Gesetz von Mecklenburg von 1913. 10% des Umsatzes gelten als steuerpflichtiges Einkommen.

Der Landwirtschaft muß auf anderem Wege, als durch eine ungerechte Steuerbefreiung der Genossenschaften geholfen werden.

Zu den Kriegsanleihen I—IV zeichneten die Landw. Genossenschaften etwa 1000, die Raiffeisen-Genossenschaften etwa 267, die Schulze-Delitzschen Genossenschaften etwa 1000 Mill. Sie haben Reserven, Lagerhäuser, zahlen Gehalte. Die Mitgliedschaft mit 50 Pfg., 2 Mk. oder 10 Mk. ist eine reine Formalität zur Umgehung der Steuerpflicht. Sie setzen Millionen, ja Hunderte von Millionen in Kasse und Buch um. Ihre Konkurrenz schädigt das freie Gewerbe, auf dem die Steuerkraft und Wohlfahrt des Staates ruht. So ist jetzt der Zentralverband des deutschen Großhandels genötigt, sich gegen die Gefahren zu organisieren, welche die Entwicklung der größtenteils steuerfreien Genossenschaften zur Folge hat.

Diese Steuerbefreiung widerspricht daher den „Grundsätzen nach Leistungsfähigkeit, Allgemeinheit und Gerechtigkeit und dem gemeinen Rechtsempfinden". Nach diesem Krieg muß jeder Opfer bringen. Vgl. Bd. 68 S. 1 der Zeitschrift f. d. ges. Staatsw.

II. Lizenzen auf Tabakverkaufsstellen.

III. Übertragung und Ausbau der Lizenzen auf Wirtschaften, Konditoreien usw. nach äußeren Merkmalen, wie Größe des Ortes, Umfang des Betriebes, Mietwert usw.

IV. Vereinssteuer nach dem Muster von Frankreich (10% der Mitgliederbeiträge).

V. Wegfall der Zuschüsse zu Mittel- usw. Schulen durch Schulgelderhöhung, z. B. 300 Mk. am Ort der Schule, 200 Mk. im Umkreis von 10 km, 100 Mk. auf weitere Entfernung.

VI. Verbrauchssteuern auf Tee, Kaffee und dessen Surrogate, Schokolade, Kakao, Wein, trockene Südfrüchte, Pfeffer usw.

Diese bilden zugleich einen Fond für Zuschüsse an die Gemeinden zur Deckung der Volksschul- und Wegebaulast. Deren Erhebung hätte durch die Gemeinden zu erfolgen (Gemeindebeamtengesetz).

VII. Eigene Erwerbsanlagen.

Distrikte.

Übertragung der Distriktsstraßen auf Staat, Kreis und Gemeinden. Damit entfallen die Umlagen, die seit 1885 immer weniger betrugen als die Wegebaulast.

Gerade die ärmsten Distrikte zahlen die höchsten Umlagen und zwar bis 94%. Pfälz. Städte sind nicht kreisunmittelbar. Die Umlagen betrugen 1907: 8,4; 1910: 9,1; 1912: 11,9 Mill. Mk.; 13 Distrikte (davon in der Pfalz 9) erheben über 50%.

1885 betrugen die Wegebaukosten bei 16131 km 5,9 Mill. Mk., 1907 bei 18449 km aber 10,1 Mill. Mk. Dies beweist den wachsenden Luxus. Sie sind eine Quelle großer Ungerechtigkeit. In dem reichen Holland erheben die Gemeinden Wege-, Brücken- und Pflastergelder, ebenso in England, das trotz aller Berechnungen mehr als doppelt so reich ist als wir.

Gemeinden.

Bei der rapiden Steigerung, welche die Ausgaben und Schulden der Gemeinden besonders seit 1900 aufweisen, ist kein Zweifel, daß in den Haushaltvoranschlägen der Gemeinden viele freiwillige und luxuriöse Ausgaben sich befinden. Es müßten daher sämtliche Voranschläge in dieser Richtung geprüft und gründliche Streichungen vorgenommen werden.

Ich erwähne z. B. die luxuriösen Schul- und Krankenhäuser und die freiwillige Übernahme der Krankenkassenbeiträge. Tut letzteres der Einzelne, so ist das seine Sache. Es ist aber gegen den Geist der Sozialgesetze und daher die zwangsweise Erhebung vom Steuerzahler gesetzwidrig. Eine solche Übernahme sollte allgemein verboten werden. Es wird neuerdings sogar durch Veröffentlichung z. B. bei der Angestelltenversicherung ein Druck auf die Arbeitgeber ausgeübt.

Ich sehe aber vom Ergebnis einer solchen Prüfung ab und gehe von dem vollen Umlagensoll des Jahres 1912 aus, der einschließlich der Distriktsumlagen mit 11,9 Mill. und der bisher schon gewährten staatlichen Sustentation (10,2 Mill.) im ganzen 111,89 Mill. betrug. Nach dem Krieg und durch das Gemeindebeamtengesetz wird der Bedarf wesentlich höher sein und muß ich daher auch Reserven vorsehen.

Ich gehe weiter davon aus, daß die Kapitalrentensteuer als Ersatz für die anscheinend beabsichtigte Ergänzungssteuer dem Staate verbleibt.

Dagegen sollen die übrigen Ertragssteuern, Grund-, Gewerbe- und Haussteuer, den Gemeinden allein verbleiben. Eine Ergänzungssteuer würde wieder eine schwere Kollision herbeiführen.

Als Höchstmaß dieser Ertragsteuern setze ich für die Gemeinden die alte Steuer ohne jeden auch staatlichen Zuschlag (1910/11: 22%; 1912 ohne Reform 41,61%) an, also

1. die Grundsteuer mit	10,355 Mill.
2. die Gewerbesteuer mit	14,574 „
3. eine modernisierte Haussteuer	11,110 „
Da der Hausbesitz einer besonderen Schonungszeit bedarf, wenn ihm steuerlich geholfen werden soll, setze ich für die Übergangszeit bis zum völligen Wegfall der Umlagen, also für zehn Jahre, die reine neue Steuer mit 6,934 Mill. an.	
4. durch Wegfall der Distriktsumlagen werden erspart	11,936 „
5. die bisherige Sustentation betrug	10,223 „
6. durch Wegfall der Zuschüsse zu Mittel-, Töchter- und Fachschulen werden erspart über . .	7,500 „
zusammen	65,698 Mill.

Da auch die Einkommensteuer künftig von Umlagen frei sein wird, so schlage ich eine Änderung des Tarifs vor, der künftig mit 6% bei 100 000 Mk. Einkommen den höchsten Satz erreichen würde.

Der Höchstsatz der englischen Einkommensteuer vor dem Krieg war 6,25%, und zwar von 3200 Mk. an. Die unteren Klassen bis zu 1400 Mk. Einkommen sollen durchschnittlich auf 1% erhöht und dieser ganze Teil der Einkommensteuer den Gemeinden überwiesen werden. Da diese Stufen 1213 Mill. Einkommen enthalten, so ergäbe dies für die Gemeinden 12,13 Mill. Mk.

Das Verfahren denke ich mir so, daß der Rentamtmann allein oder sein Assessor diese Steuern veranlagen würde. Beschwerde hiegegen geht an einen gemeindlichen Steuerausschuß. Hiegegen hat sowohl der Rentamtmann als der Steuerträger weitere Beschwerde, die der Steuerausschuß endgültig entscheidet.

Da diese Stufen $^2/_3$ aller Steuerträger enthalten, so hätte dies vereinfachte Verfahren eine sehr erhebliche Minderung der Arbeitslast zur Folge, zumal auch die Gemeinden diese Steuern erheben würden. Diese Art der Erhebung ist ohnedies nach v. Heckel die billigste, würde auch den künftigen Gemeindebeamten einen nützlichen Wirkungskreis schaffen. Auch würde sie eine Minderung der Rentämter ohne Mehrung des Personals bei den vergrößerten Ämtern ermöglichen.

Ferner schlage ich eine Wohnungssteuer vor, wie sie in England und Holland mit einem Normalsatz von 5% besteht. Diese Steuer würde innerhalb dieses nur als Höchstsatz gedachten Maßes für Stadt und Land je nach Bedarf bis zu 5% der Miete vom Benützer der Wohnung erhoben, und zwar vom Eigenwohner, Mieter, Untermieter, Kurzmieter, diese mit Gebührenmarken, auch vom Ausländer, Badegast, Sommerfrischler usw. Obwohl dadurch unvermietete Wohnungen freiblieben, würde sie infolge der Anwendung auf Stadt und Land, natürlich unter Berücksichtigung der auf dem Lande billigeren Mietpreise, und der Anlage der Bruttomiete, sowie des Hinzukommens der Kurzmieter usw. sicher die alte Haussteuer über die Hälfte übertreffen, also gewiß 20 Mill. ertragen. In München allein wären es bei 117 Mill. Mk. Bruttomiete über 5 Mill. trotz Wegfalls der unvermieteten Wohnungen. Dazu kämen für den Hauseigentümer noch die Arealsteuer mit einem künftigen Satz von 1½ Mill. auf dem Land und von 2½ Mill. in den Städten, also 4 Mill., ferner die bisher schon an die Gemeinden nach Art. 25 I UG. zahlbaren Ertragssteuern von Reich, Staat usw. 0,630 Mill.

Dies ergibt im ganzen 119,459 Mill., also einen Überschuß von 7,46 Mill.

Die einzige neue Steuer ist hierbei eine Aufwandsteuer, nämlich die Wohnungssteuer, die ich daher im allgemeinen und besonderen näher begründen möchte.

Aufwandsteuern müssen schon deshalb kommen, weil sie nach dem Kriege eine eiserne Notwendigkeit sind.

Mit Wehrbeitrag und der sogen. Kriegsgewinnsteuer sind schon mehrere Milliarden dem Vermögen der Einzelnen entzogen. Zwei bis drei Milliarden werden schon ausgewandert sein. Der Mittelstand ist schwer geschädigt und kämpft um seine Existenz. Käme noch der Stresemannsche Vorschlag mit 33⅓% Steuer des Vermögens, so wäre die Hälfte oder mehr des Mittelstandes ruiniert. Hier würde sich die Richtigkeit des Liefmannschen Grundsatzes bewähren; die Häuser sind schon jetzt in ihrem sogen. Kapitalwert um Milliarden gemindert. Man stelle sich nur vor, daß ein Gewerbetreibender oder Kaufmann, der 100 000 Mk. im Geschäft stecken hat, 33 oder 25% des Geschäftskapitals herausziehen müßte, oder ein Hausbesitzer, der noch 40 000 Mk. des Wertes frei hat, davon 10 oder 13 000 Mk. auf Hypothek nehmen und als Steuer abführen müßte. Das wäre ein allgemeiner Ruin und finanzwirtschaftlich schlimmer als der 30 jährige Krieg. Damals war unsere Kultur zertreten, aber das große Deutschland hatte auch nur weniger als 5 Mill. Einwohner zu ernähren. Jetzt sind es 70 Mill., davon, wenn ich die Zahl der Unfallversicherten zugrunde lege, 24,9 Mill. Lohnarbeiter. Wer soll diese ernähren, ihre Versicherung zahlen? Weder der Staat noch die Einzelnen könnten es. Dabei denkt man immer, die Fabriken und Reichen können es leisten. Wir denken immer an einige Hundert großer Unternehmer, wissen aber gar nicht, wie wenig Wohlhabende wir haben.

In ganz Bayern versteuern 19084 Steuerträger ein Einkommen von über 10000 Mk. und hievon wohl der größere Teil als Berufseinkommen. Diese haben 43,34 % der Einkommensteuer zu zahlen, ungerechnet die Sozialversicherung und freie Wohltätigkeit. Über 6000 Mk. haben nur 44659. Diese versteuern 785 Mill. Einkommen. Dabei sind die Aktiengesellschaften mit 109 Mill. und die GmbH. mit 18 Mill. doppelt gerechnet, bleiben als 658 Mill. Lassen wir diesen 44659 Personen nur 6000 Mk. und ziehen das höhere Einkommen für den Staat und die Sozialversicherung ein, so bleiben diesen 44659 mit je 6000 Mk. noch 268 Mill. Einkommen. Es bleiben also noch 390 Mill. Mk. Einkommen übrig. Diese verteilt auf die übrigen 2084000 Steuerträger ergibt je 188 Mk. Einkommen pro Jahr. Es ist aber niemand mehr da, der Fabriken betreibt, der Löhne und Versicherungsbeiträge bezahlt. Die Arbeitslöhne sinken ungemessen. Es würde dann noch eine ungeheuerliche Auswanderung des beweglichen Kapitals einsetzen, eine Flucht, die Deutschland zum Armenhaus machte. England war, wie bereits bemerkt, 1815 in ähnlicher Lage, wie wir es sein werden. Es hatte eine ungeheure Steuerlast, eine entwertete Papierwährung, es hatte damals 603 Mill. £ = 12 Milliarden (1817 über 800 Mill. £) oder nach heutigem Geldwert 36—40 Milliarden Schulden, aber es war siegreich. Es hob 1816 seine einzige direkte Steuer, die Einkommensteuer, auf, bis 1842, verzichtete auf die Schuldentilgung, deckte alles mit Aufwandsteuern und wurde reich dabei.

Nach einem solchen Krieg muß jeder, auch der Arbeiter, seine Last tragen, damit die Volkswirtschaft gesundet. Jedenfalls wäre auch eine sofortige Schuldentilgung verfehlt, was wir aus der Zeit nach 1870 gelernt haben könnten. Wozu auch? Die Zinsen bleiben ja im Lande und fördern den Wohlstand, was die beste Schuldendeckung ist. Frankreich hält sich seit über 100 Jahren mit Erfolg an den von Montesquieu aufgestellten Satz, daß die Aufwandsteuern die Steuern im Zustand der Freiheit, die Personalsteuern aber die Steuern im Zustand der

Abhängigkeit und des Zwangs sind. Alle Parteien, die den Staat erhalten und den Volkswohlstand fördern wollen, müßten daher für Aufwandsteuern sein, und besonders die liberalen Parteien, da sie doch die Vertreter der individuellen Freiheit sein wollen. Ich für meine Person würde mich lieber etwas einschränken und an Genußmitteln sparen, als diese fortgesetzten Steuerdeklarationen mit ihrem Eindringen in alle interna des Geschäfts und der Familie erdulden. Was aber das wichtigste ist, die Verbrauchs- und Aufwandsteuern kommen der menschlichen Natur entgegen. Während die direkten Steuern ohne spezielle Entgeltlichkeit an den Staat zu leisten sind, so daß auch die Zahlung in kleinen Abschnitten an ihrer Unbeliebtheit nichts ändern würde, werden die Verbrauchs- und Aufwandsteuern deshalb leicht und gern ertragen, weil mit ihrer Leistung immer ein persönlicher Genuß, ein Vergnügen oder ein Vorteil und zum mindesten die Aussicht hierauf verbunden ist. Und zudem werden sie in unmerkbaren Abschnitten gezahlt. Sie richten sich nach den Wünschen und Bedürfnissen des Einzelnen, werden also als freiwillig empfunden. Dazu kommt noch das Streben, von der Gewinnung des Rohstoffs an bis zum Konsum durch verbesserte Technik, verbesserte Bezugsquellen die Verbrauchsteuer einzusparen, so daß schließlich die Ware beim Konsum nicht verteuert ist, wie bei Aufhebung der Verbrauchssteuer auf Fleisch im Jahre 1910 statistisch nachgewiesen wurde.

Auch die Arbeiter und Dienstboten usw. sollen gerade jetzt für Aufwand- und Verbrauchssteuern sein. Würde Industrie, Gewerbe und Handel nebst dem Vermögen der bemittelten Klassen durch direkte Steuern und besonders Vermögenssteuern erdrückt, so wird die Arbeitsgelegenheit geringer und die Löhne werden fallen. Überdies tragen die Arbeiter die Aufwandsteuern gar nicht selbst. Bei Dienstboten trägt sie ohnedies der Arbeitgeber. Allgemein aber steht fest, daß die Verbrauchssteuern jeweils durch Lohnerhöhung mehr als ausgeglichen werden. (Vgl. Zahn, Wirkungen der Sozialversicherung S. 36 Anm. 25). Zudem sind durch die neue Reichsversicherungsordnung die Kosten der Sozialversicherung um 850 Mill. pro Jahr auf 1400 Mill. Mk. gestiegen, wozu noch die Angestelltenversicherung mit jetzt 118, später wohl 200 Mill. kommt. Dieser Betrag übertrifft die Höhe der sämtlichen Zölle und Verbrauchssteuern des Reichs und der bayerische Anteil mit $^1/_{10}$ übertrifft die doppelte Höhe aller direkten Steuern. Diese Kosten sind selbst wieder eine indirekte Verbrauchssteuer, da der Unternehmer sie doch auf die Ware schlagen muß. Wenn die Arbeiter also diese enormen Vorteile von den Verbrauchssteuern haben, können sie nicht wohl gegen Verbrauchssteuern sein, die sie zwar direkt selbst tragen, aber doch wieder auf den Unternehmer abwälzen, der sie teilweise durch die Ausfuhr wieder auf das Ausland abwälzt. Die Aufwandsteuern und Verbrauchssteuern tragen schon jetzt den größten Teil des Staatsaufwands. Nur $^1/_{10}$ des Staatsbedarfs bringen die direkten Steuern auf und mit den Umlagen drücken sie uns schwerer, als jede Bier- und Tabaksteuer.

Es wird das ersparte Einkommen- und Sparkapital in der Besitzsteuer noch speziell belastet, während die Aufwandsteuer das Sparkapital nicht trifft. Auch die Wohnungssteuer ist eine Aufwandsteuer, die gerade für die Gemeinden steuertechnisch und finanzpolitisch sich besonders eignet. Sie ist aber auch nötig.

Die jetzige Belastung mit 50% und mehr des Reineinkommens hat den Hausbesitz nahe an den Ruin gebracht. Die Garantie für die zweiten Hypotheken gefährdet einerseits die Wirtschaft der Kommunen und bringt anderseits keine Entlastung, sondern nur die Möglichkeit, weitere Schulden zu machen. Können diese nicht amortisiert werden, so haften die Kommunen. Dem Besitzer wird sein Haus genommen und die Umlagen steigen ins Ungemessene. Der Mietversicherungsverein ist in Konkurs. Mit der reinen Selbsthilfe ohne Kommunen wird also eine Sicherung des Hausbesitzes auf die Dauer nicht erreicht; kommen noch die Kriegsfolgen, so ist das Ende da, und unser Nationalvermögen wird um viele Milliarden gemindert.

Die Wohnungssteuer mit der geringen Belastung der großen Masse der Mieter wird uns retten, indem sie uns die Befreiung von den Umlagen sichert.

Sie ist eine Steuer der Freiheit, beweglich, erträglich und einträglich.

Wem 500 Mk. zu viel ist, der sucht eine Wohnung von 475 Mk., statt 2000: 1900. Die Hotel- und Badegäste sowie die Ausländer tragen sie mit. Sie können diese 5% vom Zimmerpreis leicht zahlen. Was macht das allein für München aus?

Sie ist gerecht, weil sie Stadt und Land gleichmäßig nach Maßgabe des größeren und auf dem Land geringeren Mietwerts trifft und unvermietete Räume nicht besteuert werden.

Sie ist steuertechnisch mit Hilfe der Wohnungspolizei und mit Gebührenmarken für Kurzmieter leicht zu erfassen und hat sich in England und Holland bewährt. Wie ungerecht der jetzige Zustand ist, geht schon daraus hervor, daß ich für ein großes, mit allen Bequemlichkeiten ausgestattetes Landhaus nur 1,78 Mk. Arealsteuer zahle.

Andererseits ist der städtische Hausbesitz mit einer durchaus ungerechten und harten Steuer belastet, welche den Hausbesitz entwertet und indirekt die Mieten erhöht. Der Hausbesitz muß schon bei einer normalen ersten Hypothek 50% des Reineinkommens als Steuer zahlen, da der Schuldenabzug nicht gestattet ist. Aber auch unvermietete Wohnungen dürfen nicht abgezogen werden. Stehen sie also leer, so muß der Besitzer Schulden machen, um nur die Steuer zahlen zu können. Er muß jedenfalls auch die Mieten steigern. Von jeder Steigerung aber nehmen der Staat und die Kommunen die Hälfte als Steuer in Anspruch. Diese Steigerung aber hat ihre Grenze in der Nutzenschätzung des Inhabers. Reicht sie nicht aus, so steht der Besitzer vor dem Ruin. Man machte mir trotz dieser allbekannten Zustände den Einwand, durch steuerliche Entlastung würde dem Eigentümer ein Geschenk gemacht. Diese steuerliche Anschauung, daß steuerliche Gerechtigkeit, daß die Erhaltung eines wichtigen Standes, der Schutz der Kommunen vor der Gefahr der zweiten Hypotheken, daß die Aufhebung einer ungerechten Belastung „ein Geschenk" sei, diese Anschauung ist mir nicht verständlich. Ich halte die Entlastung des Hausbesitzes für ein unbedingtes Gebot der Gerechtigkeit. Sie rettet den Hausbesitz und die Kommunen vor der Gefahr der zweiten Hypotheken, da der Wert der Häuser wieder eine normale Höhe erreicht.

Sie ermöglicht hohe Kanalisations-, Wasser- und andere Gebühren und damit verbesserte hygienische Einrichtungen.

Sie fördert die stagnierende Erbauung der Häuser, ermöglicht auch mit Hilfe einer guten Bauordnung die Erbauung von Kleinwohnungen, ohne daß die steuerfreien gemeinnützigen Baugenossenschaften dem Hausbesitz Konkurrenz machen müssen, und sorgt damit für ein größeres Angebot in Wohnungen.

Sie schafft große Erwerbsmöglichkeit für das Baugewerbe und alle damit zusammenhängenden Arbeiten, die ja über den größeren Teil unserer Industrie sich erstrecken.

Auch kann sie leicht so gestaltet werden, daß sie den Anforderungen steuerlicher und sozialer Gerechtigkeit entspricht. Es ist insbesondere die Befürchtung nicht begründet, daß hiedurch einzelne Kategorien der Steuerpflichtigen und insbesondere die Festbesoldeten mit geringem Gehalt mit Unrecht schwer belastet würden. Wohl ist anzuerkennen, daß die Wohnung ein unentbehrlicher Aufwand ist. Dies hat sie aber mit zahlreichen anderen Arten des Aufwands gemein, die gleichfalls und erheblich mit Steuern belastet sind, so Nahrungsmittel aller Art, stärkende und nährende Getränke, z. B. das Bier, dann Kleidung, Kohlen, Zucker u. a. Auch Tee und Kaffee gehören heute zu den als notwendig empfundenen Genußmitteln. Bei all diesen Dingen gilt der Grundsatz, daß die Auswahl nach Art und Güte wie auch die Menge oberhalb der Grenze des zum Leben absolut notwendigen dem Belieben und damit der Schätzung des Konsumenten anheimgestellt ist und daß dieser insoweit die Höhe seiner Aufwandsteuer frei bestimmt. Gerade diese Freiheit ist entscheidend für die Gerechtigkeit. Diese wird überdies durch das ganze Steuersystem begründet. Wenn dieses einerseits die Entfaltung von Landwirtschaft, Handel und Industrie und speziell des Hausbesitzes fördert, so werden diese Zweige der Volkswirtschaft die Bedarfsgegenstände billiger und in reichlicherem Maße herstellen und beschaffen und schon dadurch die darauf lastenden Steuern reichlich ausgleichen, ja weit übertreffen. Andererseits werden reichliche Erwerbsgelegenheit und hohe Löhne die Steuer leicht ertragen lassen. Auch die Festbesoldeten werden beim Gedeihen des Einzelnen, bei Schonung der Erwerbsstände und des sogen. Kapitals und auf Grund der hohen Einnahmen aus den Aufwandsteuern durch Steigerung ihrer Gehalte reichlich entschädigt. Erfolgt diese auch in größeren Intervallen, so ist sie dann um so ausgiebiger. So wäre es z. B. in diesem Kriege bei Durchführung meiner Grundsätze leicht gewesen, den Beamten eine der Entwertung des Geldes entsprechende Teuerungszulage von 30 oder mehr Prozent zu gewähren, wobei allerdings auch die hohen und höchsten Beamten nicht auszuschließen gewesen wären; denn gerade diese sind viel zu gering besoldet, z. B. die Regierungspräsidenten und sogar die Minister. Bei einem derartig beweglichen System zeigt sich in erhöhtem Maße der Vorzug der Aufwandsteuern, die lediglich nach Selbsteinschätzung des Steuerpflichtigen sich richten, während die direkten Steuern nach allgemein abstrakten Grundsätzen festgesetzt und mit staatlichem Zwang erhoben werden und daher in allen Fällen, in denen vom Gesetz nicht gewürdigte Milderungs- und Erhöhungsgründe vorliegen — und dies ist die Mehrzahl —, ungerecht und hart wirken, da sie nicht durch eigene Bedürfnisse begründet, sondern an die ungekannte, abstrakte Allgemeinheit zu leisten sind. Sie sollten daher lediglich, wie in England, als ergänzende Steuer eintreten. So wird auch die steuerliche Entlastung des Hausbesitzes einerseits die Bautätigkeit in erheblichem Maße fördern, andererseits durch das reichliche Angebot dem Mieter eine, seinem Bedürfnis und seiner Leistungsfähigkeit entsprechende Auswahl ermöglichen. Je größer die Schicht der leistungsfähigen Mieter ist, desto höhere Mietpreise kann und wird er anlegen. Eine gute Wohnung aber wird das eigene Heim erfreulich machen und dadurch wieder das Leben außer dem Hause und den dadurch bedingten hohen Aufwand verhüten.

Zu all dem kommt noch, daß die Kommunen, welche den Verhältnissen des Steuerpflichtigen nahestehen, in der Regel nicht gezwungen sind, den vollen Betrag der Steuer zu erheben und Härten ausgleichen können. Das Gesetz selbst wird dies vorschreiben oder zulassen. So kann ein dem mindesten Bedürfnis entsprechender Mietbetrag von z. B. 100 Mk. auf dem Lande und 200 Mk. in den größeren Orten steuerfrei gelassen und bis zu 200 bzw. 400 Mk. ein ermäßigter Satz bestimmt werden. Es könnte vom dritten Kind an aufwärts für jedes Kind eine prozentuelle Minderung eintreten, z. B. 10% für jedes Kind bis zu einem Mindestsatz von 1% der Jahresmiete herab. Im übrigen aber sollte für Stadt und Land eine verschiedenartige steuerliche Behandlung nicht eintreten, da die teuren Mieten der Städte durch die bessere Erwerbsmöglichkeit, größeren Bildungsmittel u. a. ausgeglichen werden und der Abzug vom Lande nicht gefördert werden soll. Die direkte Abwälzung, also die vertragsmäßige Übernahme der Steuer durch den Vermieter wäre zu verbieten. Eine indirekte Abwälzung aber kommt nicht wohl in Frage, da für den Mietpreis die allgemeinen Gesetze der Preisbildung maßgebend sind (vgl. Robert Liefmann, Ertrag und Einkommen bes. S. 20). Bei genügendem Angebot wird der Mietpreis durch die „Nutzenschätzung des Konsumenten", also hier des Mieters, bestimmt und werden die Hausbesitzer ihr Angebot in neuen Häusern darnach richten. Es ist hier wie überall, daß bei Mehrung der zahlfähigen Schichten die Mietpreise steigen und umgekehrt. Diese Konjunktur aber richtig zu beurteilen, ist Sache des Produzenten, also hier der Hausbesitzer und derer, die es werden wollen.

Andeutungsweise möchte ich noch anführen, daß auch weitergehende soziale Verhältnisse berücksichtigt werden können, so z. B. durch einen höheren Satz von 10% für Junggesellen und Ausländer, von z. B. 7½% bei Möbelversicherungen über 10000 Mk. und 10% bei Versicherungen von über 25000 Mk., einen niedereren von 3% auf die zugleich gewerblich benützten Wohnungen, während die rein gewerblich benützten Räume nur von der Gewerbesteuer, rein landwirtschaftliche nur von der Arealsteuer betroffen werden. Eine derartig ausgebaute Mietsteuer aber hebt den Volkswohlstand, indem die steuerliche Entlastung den Wert der Häuser wieder auf den Wert von 1912 steigert. Gegen ein Übermaß sichert die künftige Bautätigkeit.

Der Zuschuß von 17 Mill., den der Staat noch leisten soll — über die finanzielle Deckung spreche ich nachher —, kann schon durch eine erhöhte Heranziehung der Gemeinden zur Erfüllung der Staatsaufgaben, wie sie auch in England besteht, allgemein ausgeglichen werden. Unsere Gemeinden haben im Krieg so Großes geleistet, daß sie ihre Befähigung dazu erwiesen haben. Es ist dies auch eine nachträgliche Begründung des neuen Gemeindebeamtengesetzes. Hiezu schlage ich vorerst nur vor:

a) alle Gemeinden von 5000 Einw. an wie in Belgien kreisunmittelbar zu machen. Dies ermöglicht auch eine gewaltige Ersparnis an Bezirksämtern.

b) Die Gemeinden sollen, wie ihre eigenen direkten Steuern, so auch die des Staates erheben. Dies ist die billigste Art. England hat 2,45% Gesamtkosten für Veranlagung und Erhebung.

c) Sie sollen auch nach den feststehenden Tarifen die indirekten Steuern, ihre eigenen sowohl als die des Staates, erheben, soweit nicht besondere technische Vorkenntnisse erforderlich sind.

Ich bin demnach für Beibehaltung aller Kreisregierungen, die, wie in Belgien, das Rückgrat der Verwaltung bilden sollen, während die Bezirksämter beträchtlich vermindert werden könnten.

Nun noch ein Wort zum Schulgeld. Nach wissenschaftlichen Grundsätzen (vgl. v. Heckel II 106) sind Schulgelder Verwaltungsgebühren und stehen unter dem Grundsatz der speziellen Entgeltlichkeit, so daß die Selbstkosten und der Wert der Leistung, also die zur Verfügung stehenden Bildungsmittel den Maßstab bilden.

Zwangs-, also Volksschulen, sollen unentgeltlich sein. Mittel-, Fach-, Hoch- und Töchterschulen sollen ihre Kosten decken und den Wert der Leistung. Es ist ein wissenschaftlich anerkanntes Unrecht, wenn die Steuerträger diesen vielfach volkswirtschaftlich schädlichen Luxus für andere decken müssen. Vor dem Krieg konnten wir diesen Luxus kaum rechtfertigen, nachher ist er ganz ausgeschlossen. Es stellt das jetzige geringe Schulgeld ein zwangsweises Geschenk an die Benützer der Schule dar. Also mindestens die Betriebs- und Anlagekosten (Zins und Tilgung der Gebäude usw.) müssen gedeckt werden; 25 Pfg. für jede Stunde ergibt schon 300 Mk. In einer Statistik wurden von Bankbeamten 1508 Fragebogen ausgefüllt. Es ergab sich, daß 178 Volks- und Bürgerschulen, 800 Realschulen, von welchen 294 das Einjährigen- und 48 das Reifezeugnis hatten, 374 Gymnasien, von welchen 163 das Einjährigen- und 21 das Reifezeugnis hatten, 18 Universitäten und Handelsfachschulen, sieben sogen. Einj.-Pressen besucht hatten.

Die Dresdner Bank begnügt sich mit Volksschulbildung. Andere wollen der Repräsentation halber das Zeugnis für Einjährige. Wieviel überflüssige Schüler schleppen also die Mittelschulen mit. Diese Bankbeamten bedauerten vielfach die verlorene Zeit.

Eine stehende Rubrik in den Verhandlungen des Landtags ist überdies die Minderung der Beamten. Nun produzieren wir doch mit Hilfe des billigen Schulgelds eine übergroße Zahl von Anwärtern auf den Beamtenstand. Dies hat schon bisher zu dem so überaus harten Dreiererlaß geführt, bei dem immer noch zweifelhaft ist, ob nicht bei den Dreiern eine Anzahl bessere Kräfte sich finden, als manche Zweier sie darstellen. Will man nicht, daß schließlich auch die untere Zweierhälfte von der Beamtenlaufbahn ausgeschlossen werde, so ist es folgerichtig, den Besuch der Mittelschulen zu mindern. Gewiß gilt das Wort: „Dem Tüchtigen freie Bahn". Aber muß denn diese Bahn gerade die Beamtenlaufbahn sein? Brauchen wir nicht auch tüchtige Handwerker, Bauern, Techniker, Kaufleute? In Hamburg und Bremen ist der Kaufmannstand, im Osten der Landwirt der erste Stand. Wir aber ziehen gewaltsam mit Hilfe der Eitelkeit der Eltern eine Überproduktion von Beamten heran und müssen für diese entweder Stellen schaffen oder sie aus einer aussichtslosen Laufbahn gewaltsam wieder entfernen.

Nach obigem hat der Staat abgetreten:

a) die Grund-, Gewerbe- und Haussteuer . . .	16,4 Mill.
b) die unteren Stufen der Einkommensteuer . .	4,6 „
c) leistet er einen Zuschuß von	17,0 „
ergibt	38,0 Mill.

Hiefür habe ich als Ersatz schon früher in einer Denkschrift, welche ich Abgeordneten zur Verfügung stellte und welche in der letzten Session zustimmend behandelt wurde, vorgeschlagen

a) die Verstaatlichung des Notariats nach badischem Muster unter Wegfall der Grundbuchrichter und Minderung der Notare auf weniger als die Hälfte. Statt der Richtergehalte wäre es vielleicht praktisch, den Rechtsanwälten gegen kleineren Funktionsgehalt und die badischen Gebühren von 1—10 Mk. pro Urkunde einen größeren Teil der Notariate zu übertragen. Dies würde eine Ersparnis usw. ergeben von mehr als 5 Mill.

b) Personentarifreform (Einführung der IV. Wagenklasse im rechtsrh. Bayern u. a. 7,6 Mill.

c) Ersparnis an Mittel- usw. Schul-Zuschüssen 8,4 Mill.

Da die Einkommensteuer künftig keine Umlagen mehr zu tragen hat, wäre eine Reform des Tarifs am Platze. Diese würde ergeben bei einem Einkommen von

	Mk.								Millionen
a)	14— 1800	bei	durchschnittlich	1½ %	Steuer	ein	Mehr	von	3,078
b)	18— 3000	„	„	2 %	„	„	„	„	4,656
c)	3— 6000	„	„	2¾ %	„	„	„	„	3,520
d)	6— 10000	„	„	3½ %	„	„	„	„	1,745
e)	10— 20000	„	„	4 %	„	„	„	„	1,271
f)	20— 50000	„	„	4½ %	„	„	„	„	1,475
g)	50—100000	„	„	5 %	„	„	„	„	0,782
h)	über 100000	„	„	6 %	„	„	„	„	2,168
								Sa.	18,695

(NB. Von c an zahlt man in England die volle Steuer, also zuletzt 6,25 %.) Dies ergibt insgesamt 39,695 Mill., also einen weiteren Überschuß von 1,695 Mill.

Nun komme ich zu meinen Reserven. Ich habe schon bei den Gemeinden wie oben einen Überschuß von . . . 7,459 Mill.
und hier beim Staat einen solchen von . . . . 1,695 „
9,154 Mill.

Wie schon erwähnt, ist durch § 13 des Zolltarifgesetzes von 1902 seit 1910 eine Verbrauchssteuer auf Getreide, Hülsenfrüchte, Mehl, Mühlenfabrikate (außer Braumalz), Backwaren, Fleischwaren und Fette für Rechnung der Kommunen verboten. Nicht verboten ist sie aber für Rechnung des Staats, der sie dann auch u. a. als Sustentationsfond für die Gemeinden verwenden kann. Wenn das Reich uns direkte Steuern nimmt, muß der Einzelstaat die Verbrauchssteuern für sich ausnützen. Auch in Sachsen und Baden wie auch in Holland besteht sie, das 10% von den Rindern und Kälbern erhebt. Die Stadt Mannheim hat durch eine eingehende Statistik festgestellt, daß die Preise der fraglichen Lebensmittel durch den Wegfall der Verbrauchssteuer nicht gemindert wurden. Die gleiche Erfahrung hat man auch in München, Nürnberg, Fürth, Ludwigshafen, Landau gemacht. Der gewiß nicht als antisozial verdächtige Adolf Wagner bezeichnet die durch den Reichstag herbeigeführte Hemmung der Verbrauchssteuern der Gemeinden als „doktrinär". Dies Urteil hat allgemein die Erfahrung bestätigt. Im Jahre 1909 trug diese Verbrauchssteuer in Bayern nur 4 Mill. Sie war aber weder allgemein noch genügend ausgebildet. Die große Mehrzahl der Gemeinden erhob überhaupt keine derartige Steuer, z. B. fast alle pfälzischen Städte, Ludwigshafen erhob 3,3% des Staatssteuersolls, München 6,9%, Nürnberg 19,3%, Fürth 19,8%, Erlangen 21,9%, Landshut 26,4%, Ingolstadt 26,5%, Straubing 29,0%, Landsberg 38,2%, Schwandorf 47,0%. Ich nehme 20%, also etwa die Sätze von Nürnberg-Fürth, und somit bei 76 Mill. direkten Steuern ein Ergebnis von 15 Mill. an. Dies ergibt mit obigen 9,1 im ganzen 24 Mill. Zu diesen käme noch die bereits bei den Kreisen erwähnten Verbrauchssteuern auf Tee, dessen Konsum infolge der Gewöhnung im jetzigen Krieg ungeheuer steigen wird, ferner auf Schokolade, Kakao, Kaffee und dessen Surrogate, trockene Südfrüchte, Wein, Essig, Pfeffer, welche vom Staat durch die Gemeinden erhoben und zu einem Fond für Kreise und Gemeinden verwendet werden könnten. Zollpflichtige gingen unter Zollverschluß in Bayern ein. Ich setze sie schätzungsweise mit gleichfalls 15 Mill. ein. Dann käme noch die Minderung der Beamten. Den Wegfall der Grundbuchrichter habe ich bereits bei dem Staatsnotariat berücksichtigt. Weiter käme in Betracht:

a) in der Verkehrsverwaltung nebst Post und Telegraphen mit ihren 103 Mill. Beamtengehältern ließen sich durch eine entsprechende Organisation im Sinne einer Dezentralisation, z. B. ähnlich der früheren pfälz. Bahn, große Summen ersparen. Eine Gebühr für nicht erreichte Telephonanschlüsse sollte in der Höhe der halben Gebühr und höchstens mit 50 Pfg. erhoben werden u. a.

b) In der inneren Verwaltung wäre durch die Kreisunmittelbarkeit ein großer Bruchteil der Bezirksämter und Assessoren einzusparen, wenn auch an den Kreisregierungen einige Regierungsräte mehr nötig würden.

c) In der Finanzverwaltung könnte die gesamte Geschäftsführung der Staatsschuldenverwaltung der K. Bank übertragen werden, wodurch dieser Dienstzweig vereinfacht und erleichtert und eine beträchtliche Ersparnis erreicht würde. Es könnten ferner die Zahl der Rentämter ohne Vermehrung des Personals der künftigen größeren Ämter besonders dann vermindert werden, wenn die unteren Steuerklassen den Gemeinden überwiesen werden. Auch den dem Staat verbleibenden Teil der Einkommen- und Kapitalrentensteuer könnten sie auf Grund von Gemeindelisten erheben. Auch hier kann die Organisation bei Selbständigmachung der Rentämter gegenüber der Regierung durch deren Beschränkung auf die Dienstaufsicht und z. B. durch sofortige Zahlung aller kleineren Gebühren bis 5 Mk. mit Marken der Betrieb vereinfacht werden. Die unteren Beamten der Finanzkammern würden dadurch fast sämtlich überflüssig.

d) In der Justizverwaltung wäre vor allem das oberste Landesgericht aufzulassen und der Straffenat würde an das Oberlandesgericht zurückkehren. Dieses Gericht, das nur kraft der reichsrechtlichen Zulassung besteht und daher kein Kennzeichen bayer. Justizhoheit ist, ist ganz ungenügend beschäftigt. Durch sein Bestehen wird die Einheit der Rechtsprechung gefährdet und werden die einzelnen Fälle durch Prüfung der Zuständigkeit je um mehrere Wochen verzögert. Auch zwei bis drei Oberlandesgerichte könnten aufgelassen und die übrigen Gerichte auf ihre Geschäftslast geprüft werden. Geplant ist die Aufhebung von 10 Landgerichten. Jedenfalls soll Bayern 40% an Beamten mehr haben als andere ähnliche Staaten. Gewiß ließen sich 15%, also 30 Mill., im Verlauf von 10 Jahren ersparen.

Als äußerste Reserve hätten wir noch für die Übergangszeit 50% Umlagen aus Einkommen- und Kapitalrentensteuer, also 53,5 und 6,9 Mill., die mit einfachem Satz 30 Mill. ergeben würden; allerdings müßten diese in zehn Jahren abgebaut sein, um dann nie mehr wiederzukehren. Der allmähliche Wegfall würde durch die allmählich eintretende Beamtenminderung ausgeglichen, so daß dies von Anfang an dauernd 30 Mill. ergibt.

Im Beharrungszustand aber wäre hienach zweifellos auch eine Sozialversicherung des kleinen selbständigen Mittelstands möglich, damit auch für diesen, wie für den Arbeiter in Krankheit und Alter gesorgt wäre. Hier müßten die Gemeinden die Beiträge des Reichs und des Arbeitgebers übernehmen.

Ich schätze den Bedarf nach Maßgabe der Angestelltenversicherung für Bayern auf 20 Mill. Vor allem setze ich voraus, daß nicht durch Vorwegnahme einiger Stützen meines Finanzplans ein Flickwerk geschaffen wird. Nach den Erfahrungen, wie sie Preußen durch die Abtretung der Ertragssteuern unter Zulassung von Umlagen gemacht hat, würde dadurch eine dauernde Gesundung nicht herbeigeführt. Jetzt ist auch in Preußen eine neue Reform als dringende Staatsnotwendigkeit anerkannt. Durch das Flickwerk von 1893 ist diese ganz außerordentlich erschwert, wenn nicht unmöglich gemacht. Ein Privatmann kann eine solche vorübergehende Gesundung rechtfertigen, wenn er keine Familie hat; aber auch in diesem Fall bildet dies bei der Unsicherheit der Lebensdauer einen Mangel an Voraussicht, dessen sich ein Staatswesen niemals schuldig machen sollte. Würden wir also durch eine Reform, welche nicht die Gewähr für eine dauernde Gesundung in sich trägt der Gegenwart helfen, so würde dadurch, wie das preußische Beispiel zeigt, die finanzielle Zukunft schwer gefährdet. Im Falle der Durchführung der von mir empfohlenen Grundsätze aber würden wir erreichen:

1. eine Beseitigung der wie eine Schraube ohne Ende steigenden unerträglichen Umlagenlast;
2. eine von Zuschlägen freie direkte Staatssteuer, die allen Bedürfnissen des Staats, auch bei Notständen zu folgen, geeignet wäre;

3. insbesondere auch eine Finanzierung des Donau-Main-Kanals und eine allmähliche Beseitigung des zurzeit bestehenden Defizits, das gegen 100 Mill. betragen soll;
4. mit eigenen Mitteln frei wirtschaftende Kommunen und eine Erhöhung der Selbstverwaltung durch direkte Unterstellung aller größeren Gemeinden unter die Kreise;
5. eine entlastete und blühende Industrie und Handel;
6. einen frei atmenden Hausbesitz, dessen zweite Hypotheken den Garanten nicht zur Last fallen würden und damit ein Aufblühen des Baugewerbes, steigende Löhne, bessere Wohnungen und hygienische Einrichtungen;
7. einen Mittelstand, für den in Krankheit und Alter gesorgt ist und durch all dies
8. einen regen Zuzug steuerkräftiger Personen und Industrien nach Bayern.

Es mag ja von meinen Vorschlägen der oder jener dem einen oder anderen nicht sehr sympathisch sein. Das große Ziel aber wird uns Alle einen. Bayern wäre dann, des bin ich sicher, ein nachahmenswertes Beispiel für das ganze Deutsche Reich und hätte die Gewähr für eine gute finanzielle Zukunft. Es hieße dann mit Recht: Bayern in Deutschland voran.

Ich füge noch bei eine rechnerische Zusammenstellung zur Beseitigung der Umlagen.

I. Die Kreisumlagen würden durch Sondersteuern beseitigt und zwar durch:
   a) eine Besteuerung aller Genossenschaften (Mecklenb. 1913);
   b) Lizenzen auf Tabakverkaufsstellen;
   c) Überweisung und Ausbau der Lizenzen auf Wirtschaften usw.;
   d) Vereinssteuern (10% d. Mitgliederbeiträge — Frankreich);
   e) Wegfall der Zuschüsse zu Mittel- usw. Schulen durch Schulgelderhöhung;
   f) Verbrauchssteuern auf Tee, Kaffee und dessen Surrogate, Schokolade, Kakao, Wein, Essig, trockene Südfrüchte, Pfeffer usw., zugleich Reservefond für Zuschüsse an die Gemeinden für Volksschul- und Wegebaulast und durch die Gemeinden zu erheben;
   g) eigene Erwerbsanlagen.

II. Die Distriktsumlagen würden durch Übertragung des Straßenbaues an Staat, Kreis und Gemeinden (Belgien) wegfallen.

III. Die Gemeindeumlagen einschließlich Distriktsumlagen und staatlicher Sustention betragen nach dem Stande von 1912

112 Millionen.

Diese sind zu decken durch (alles nur als Höchstsätze gedacht)

1. die Überweisung der Grund-, Gewerbe- und Haussteuer nach dem Stand von 1910/11 ohne Staatszuschlag:		
a) Grundsteuer	10,355	Mill.
b) Gewerbesteuer	14,574	„
c) Haussteuer (für die zehnjährige Übergangszeit bis zum endgültigen Wegfall der Umlagen nur die neue Steuer mit 6,934 Mill.)	11,110	„
2. den Wegfall der Distriktsumlagen . . .	11,936	„
3. die bisherige staatliche Sustentation . .	10,223	„
4. den Wegfall der Zuschüsse zu den Mittel- usw. Schulen	7,500	„
5. die unteren Stufen der Einkommensteuer bis 1400 Mk. (durchschnittlich 1%) . . .	12,131	„
6. eine Wohnungssteuer mit über	20,000	„
7. die Arealsteuer (1½ Mill. Land, 2½ Mill. Stadt)	4,000	„
8. die Ertragssteuer des Reichs usw. Art. 25 I UG. (könnte verdoppelt werden)	0,630	„
9. einen Staatszuschuß von	17,000	„
Summa:	119,459	Mill.

Überschuß: 7,459 Mill.

IV. Die Belastung des Staatshaushaltes beträgt:

1. das bisherige Ergebnis der Ertragssteuer (III 1) mit	16,433	Mill.
2. desgl. der Einkommensteuer (III 5) mit . .	4,617	„
3. der neue Staatszuschuß (III 9)	17,000	„
Summa:	38,050	Mill.

V. Die Deckung dieser Belastung erfolgt durch:

1. die Verstaatlichung des Notariats einschl. des Wegfalls der Grundbuchämter mit mehr als	5,000 Mill.
2. die Personentarifreform mit einem Ergebnis von	7,600 „
3. den Wegfall der Zuschüsse zu Hoch-, Mittel- usw. Schulen über	8,400 „
4. die Reform der oberen Stufen der Einkommensteuer (1½—6%)	18,168 „
Summa:	39,168 Mill.

Überschuß hier: 1,118 Mill.

VI. Reserve A:

1. obige Überschüsse ad III und V	8,577 Mill.
2. die Verbrauchssteuern, soweit sie durch § 13 des Zolltarifgesetzes gehemmt wurden (für Rechnung des Staats zu erheben)	15,227 „
Summa:	23,804 Mill.

VII. Reserve B:

1. obige Verbrauchssteuer unter I f. schätzungsweise	15,000 Mill.
2. Minderung der Beamten um 15% in zehn Jahresteilen über	30,000 „
3. 50% Umlagen aus Einkommen- und Kapitalrentensteuer (53,520 und 6,934 Mill.), welche in zehn Jahresteilen à 5% endgültig zu beseitigen wären. Da 2 und 3 sich gegenseitig auf 30 Mill. ergänzen, also nur einmal zu berechnen sind, so ergibt dies . . .	30,227 „
Summa:	45,000 Mill.

Es ergibt sich also nach Beseitigung aller kommunalen Steuerzuschläge noch eine gesamte Reserve von **68,804 Mill.**

Schweitzers (blaue) Textausgaben.

Automobilgesetz. RG. über den Verkehr mit Kraftfahrzeugen vom 3. Mai 1909 nebst den Vollzugs-Vorschriften des Bundesrats, von Preußen und Bayern sowie dem internationalen Abkommen. Von Rechtsanwalt **Philipp Seuffert**, Syndikus d. K. Bayer. Automobilklubs in München. 248 S. Geb. Mk. 3.—

Bauforderungsgesetz vom 1. Juni 1909 nebst einem Anhang, die einschläg. Bestimmungen der GewO. u. d. ZwVG. enthaltend. Erl. von Rechtsanwalt **Dr. Herbert Jacobi** in München. 178 S. Geb. Mk. 2.40

Branntweinsteuergesetz in neuester Fassung mit den wichtigsten Vollzugsvorschriften. Von **Dr. L. Wassermann** und Rechtsanwalt **Dr. Rud. Wassermann** in München. 384 S. Geb. Mk. 4.50

Bürgerliches Gesetzbuch nebst EinfGes. mit vollständigem Abdruck der zitierten Gesetzesstellen und ausführl. Sachregister. 900 Seiten. Mk. 3.— Schreibausgabe im Format 21 × 26 cm. Geb. Mk. 7.—

Genossenschaftsgesetz vom 1. Mai 1889. In der Fassung vom 10. Mai 1897. Erl. von **Fr. Bonschab**, Direktor der Bayer. Landwirtschaftsbank. 2. umgearbeitete Auflage. 314 S. Geb. Mk. 3.—

Gerichtsverfassung. (GVG. mit EG. z. GVG. u. einem Anh. über d. KonsGbk.) mit Anm. von Privatdozent II. St.-A. **Dr. Doerr** in München. 1910. Geb. Mk. 1.80

Gewerbeordnung mit Nebengeſ. u. Ausführungsbest. für das Reich, für Preußen u. Bayern. TA. m. Anm. u. ausf. Sachregister von K. Bezirksamtmann **Dr. F. Steinbach.** 1910. Geb. Mk. 4.50

Grundentlastungsgesetz, Bayer., vom 2. Februar 1898. Mit den einschlägigen Ministerialbekanntmachungen und Formularen. Erläutert von **L. Oblagger,** Rentamtmann in Eichstätt. 2. Aufl. 140 S. Geb. Mk. 2.50

Güterzertrümmerungsgesetz, Bayer., vom 13. August 1910 mit den Vollzugsvorschriften. Erl. von **Fr. Edler von Braun,** Ministerialrat im Staatsministerium des Innern. 2. verbesserte Aufl. 210 S. Geb. Mk. 2.50

Handelsgesetzbuch mit Seerecht. Mit Einl. u. Reg. 1914. Geb. Mk. 2.—

Kapitalabfindungsgesetz vom 3. Juli 1916 mit Erläuterungen, den Ausführungsbestimmungen des Bundesrats, den Anweisungen der Landeszentralbehörden Preußens, Bayerns, Sachsens, Württembergs und Badens und den sonstigen einschlägigen Vorschriften herausg. von **Dr. Friedr. Koppmann,** Intendanturassessor, Hilfsreferent im K. bayer. Kriegsministerium. 1917. 280 S. Geb. Mk. 4.20

J. Schweitzer Verlag (Arthur Sellier) München, Berlin und Leipzig.

Schweitzers (blaue) Textausgaben.

Kolonialbeamtengesetz vom 8. Juni 1910, auf Grund der Gesetzesmaterialien erläutert und mit den ergänzenden Gesetzen, insbesondere dem Reichsbeamtengesetz und dem Beamtenhinterbliebenengesetz. Erl. von **Dr. Fr. Doerr,** II. Staatsanwalt, Privatdozent in München. 130 S. Geb. Mk. 2.60

Konkursordnung f. d. Deutsche Reich mit 21 Nebengesetz. TA. m. Verweisungen u. ausführl. Sachreg. 1912. Geb. Mk. 2.—

Kosten- und Stempelgesetz, Bayer. Mit den Vollzugsvorschriften, Einl. u. Reg. 2. Aufl. 1915. Geb. M. 3.20

Lotteriespielgesetz vom 11. Oktober 1912 nebst Staatsvertrag zwischen Bayern, Württemberg und Baden einerseits und Preußen andererseits zur Regelung der Lotterieverhältnisse. Erläut. von **Dr. Fr. Goldschmit,** Rechtsanwalt in München. 1913. Geb. Mk. 3.—

Malzaufschlaggesetz, Bayer., vom 18 März 1910. Mit im Text eingeschalteten Vollzugsvorschriften und alphab. Register. 2. ergänzte Aufl. 271 S. Geb. Mk. 2.40

Notariatsgesetze für Bayern. Sammlung aller einschlägigen Vorschriften nach dem Stande vom 31. Dezember 1911. 2. Aufl. Von **H. Klein,** K. Notar in Bergzabern. 878 S. Geb. Mk. 8.—

Steuergesetze für Bayern. Textausgabe mit im Text eingeschalteten Vollzugsvorschriften u. alphabetischem Sachregister. 2. Aufl. 1913. 890 S. Geb. Mk. 5.—

Strafgesetzbuch mit der Novelle vom Jahre 1912. Mit Erläuterungen, Anmerkungen und Sachregister von II. Staatsanwalt Privatdozent **Dr. Fr. Doerr** in München. 2. Aufl. 215 S. Geb. Mk. 1.20

Versicherungsgesetz für Angestellte. Mit Erltrgn. Von **K. Meinel,** Senatspräsident im Bayer. Landesvers.-Amt. 2. Aufl. 1916. 647 S. Geb. Mk. 6.—

Weingesetz. Mit den Ausführungsbestimmungen und der Weinzollordnung. Von **O. Zoeller,** Staatsanwalt. 269 S. Geb. Mk. 3.—

Zivilprozeßordnung. In der Fassung der Novellen vom 1. Juni 1909, 22. Mai 1910 und 20. Febr. 1911 mit 17 Nebenges. 2. Aufl., 2. Abdruck. Mit Verweisungen u. Sachregister. 495 S. Geb. Mk. 2.—

Zuwachssteuergesetz. Mit den Vollzugsvorschriften des Bundesrats, von Preußen und Bayern. Von Univ.-Professor **Dr. H. Köppe** in Marburg. 253 S. Geb. Mk. 3.20

Zwangsabtretungsgesetz, Bayer., erl. von **Dr. W. Laforet,** Bezirksamtsassessor im K. Staatsministerium d. Innern. 305 S. Geb. Mk. 3.20

J. Schweitzer Verlag (Arthur Sellier) München, Berlin und Leipzig.

FSC
www.fsc.org
MIX
Papier | Fördert
gute Waldnutzung
FSC® C083411

Kolibri 360 GmbH
Ferdinand-Jühlke-Straße 7
99095 Erfurt, Deutschland
produktsicherheit@kolibri360.de